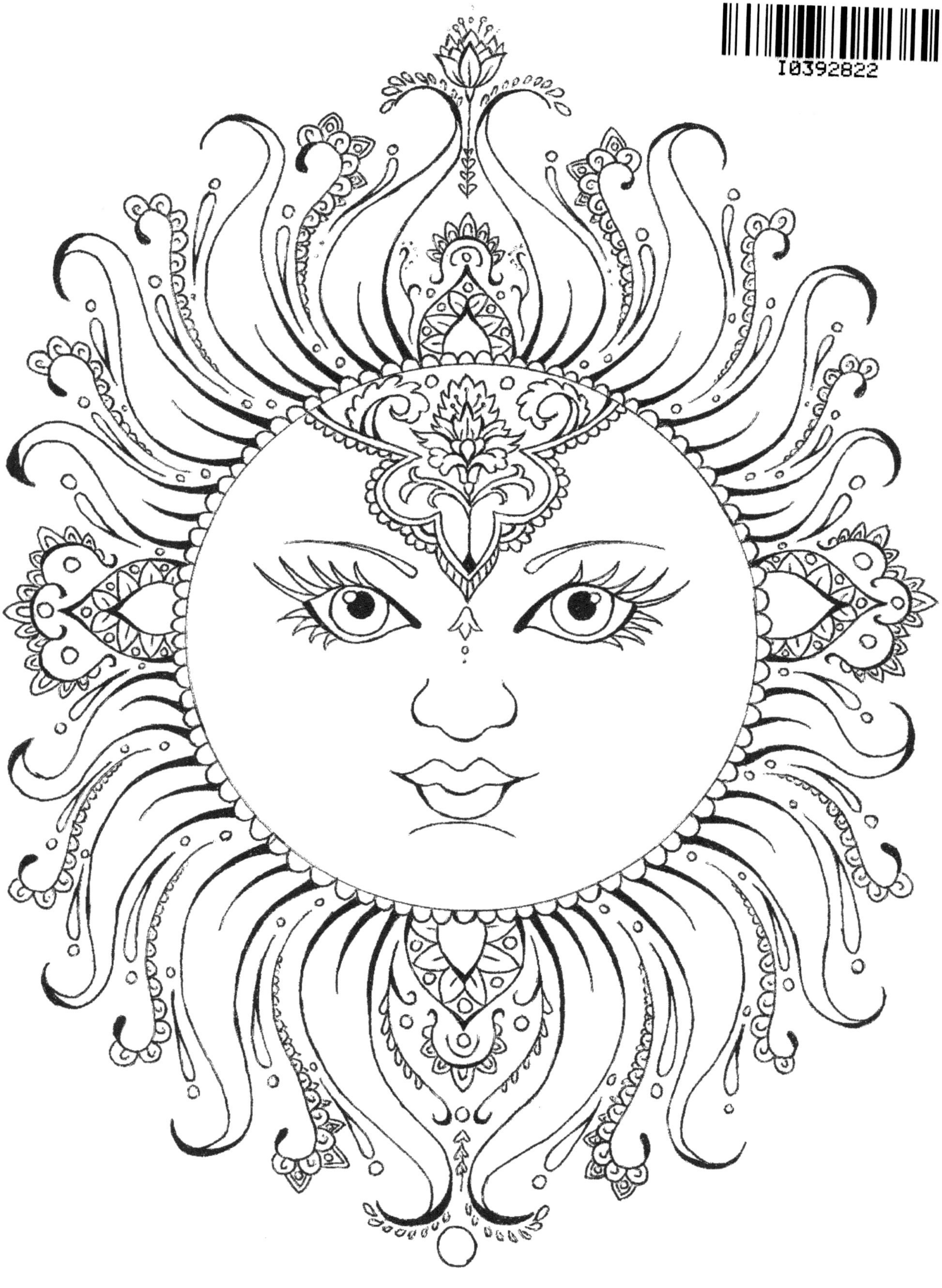

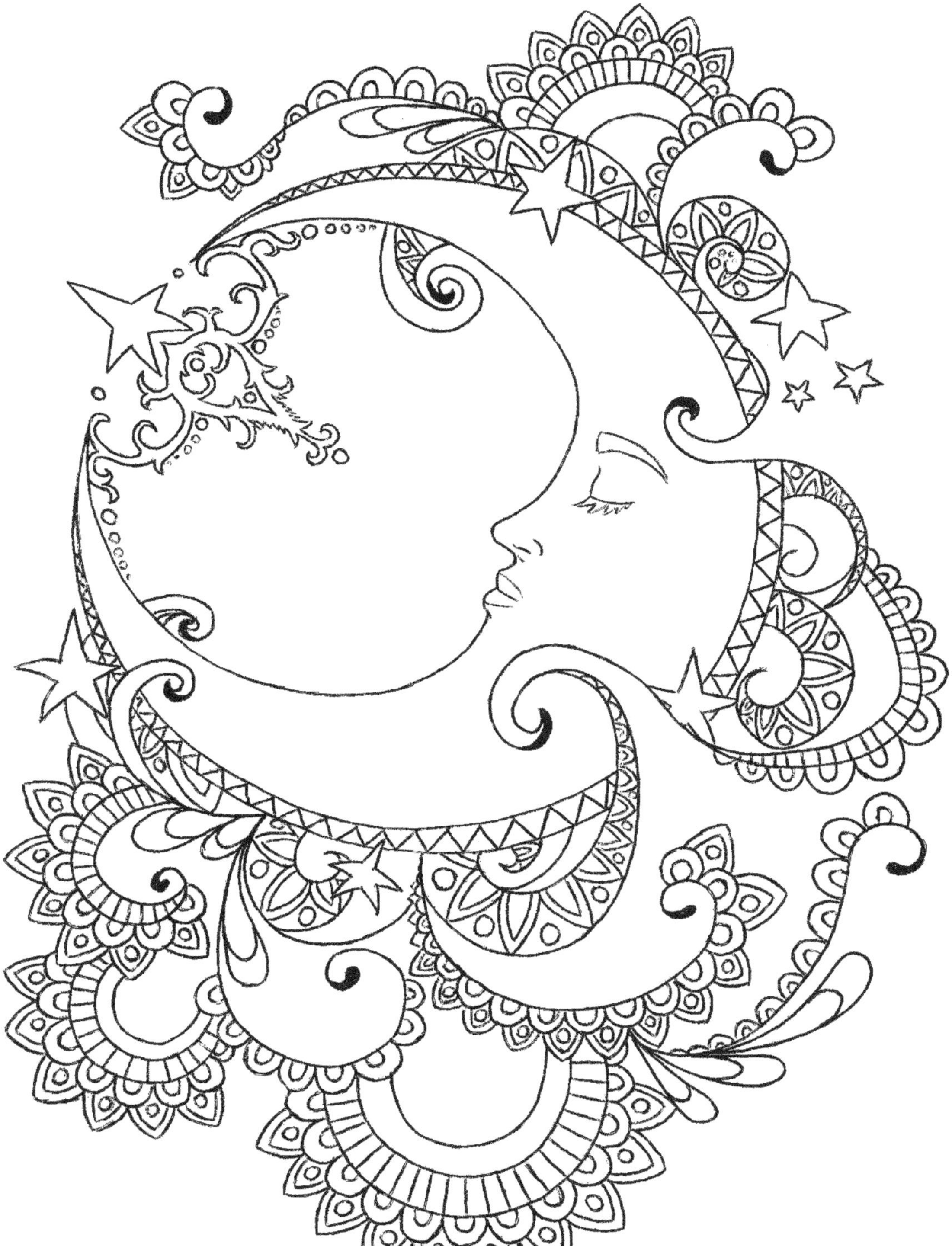

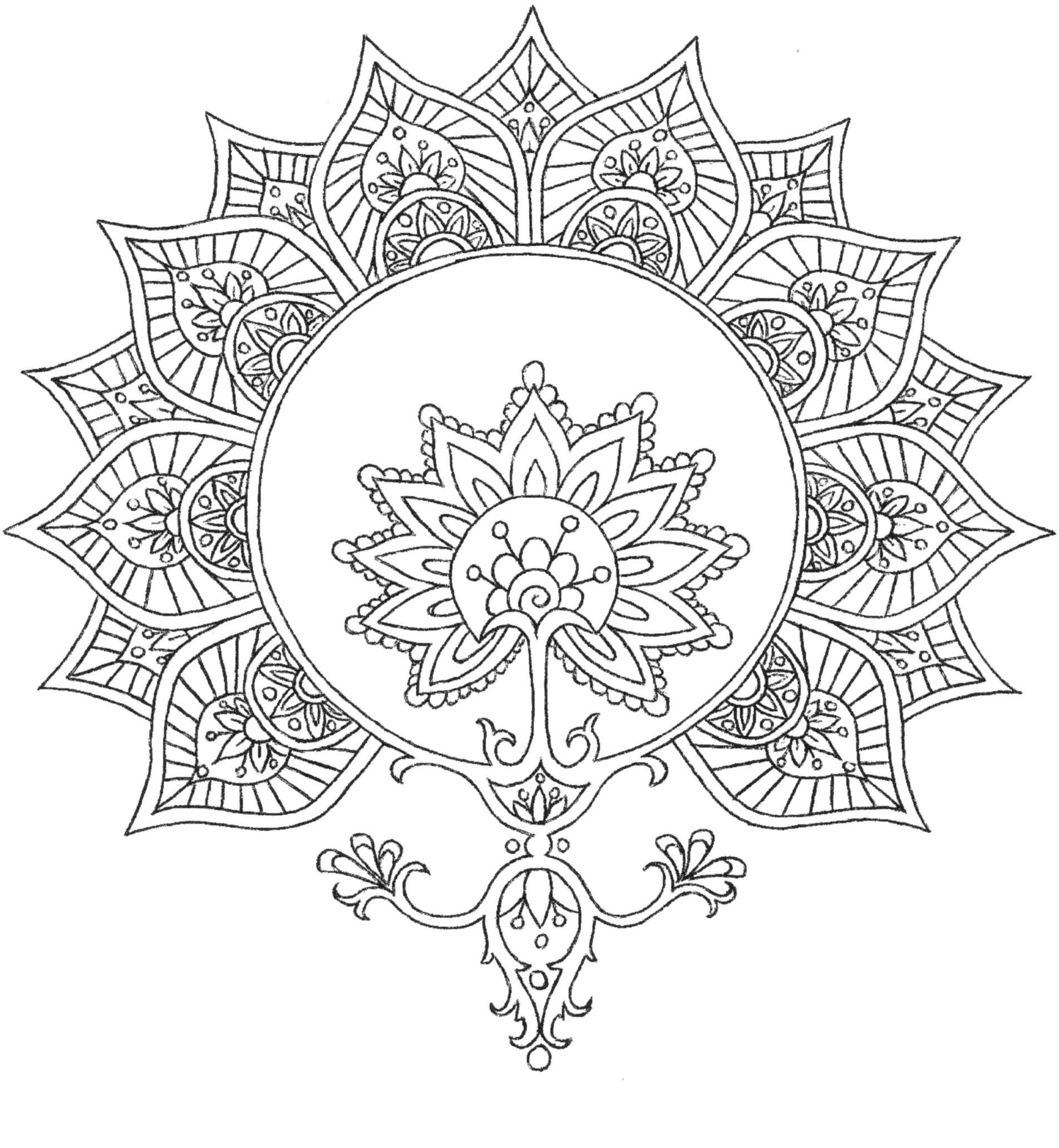

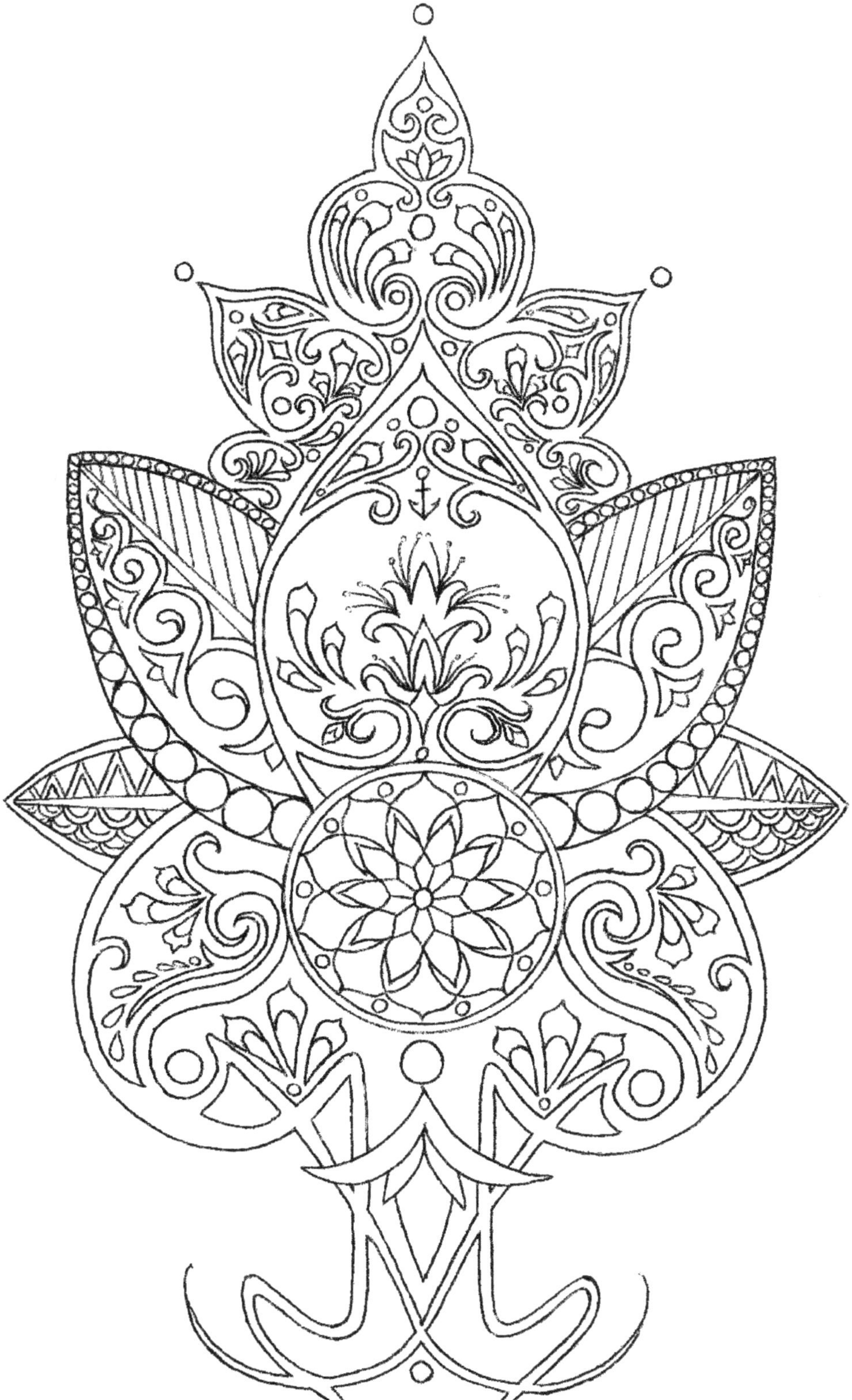

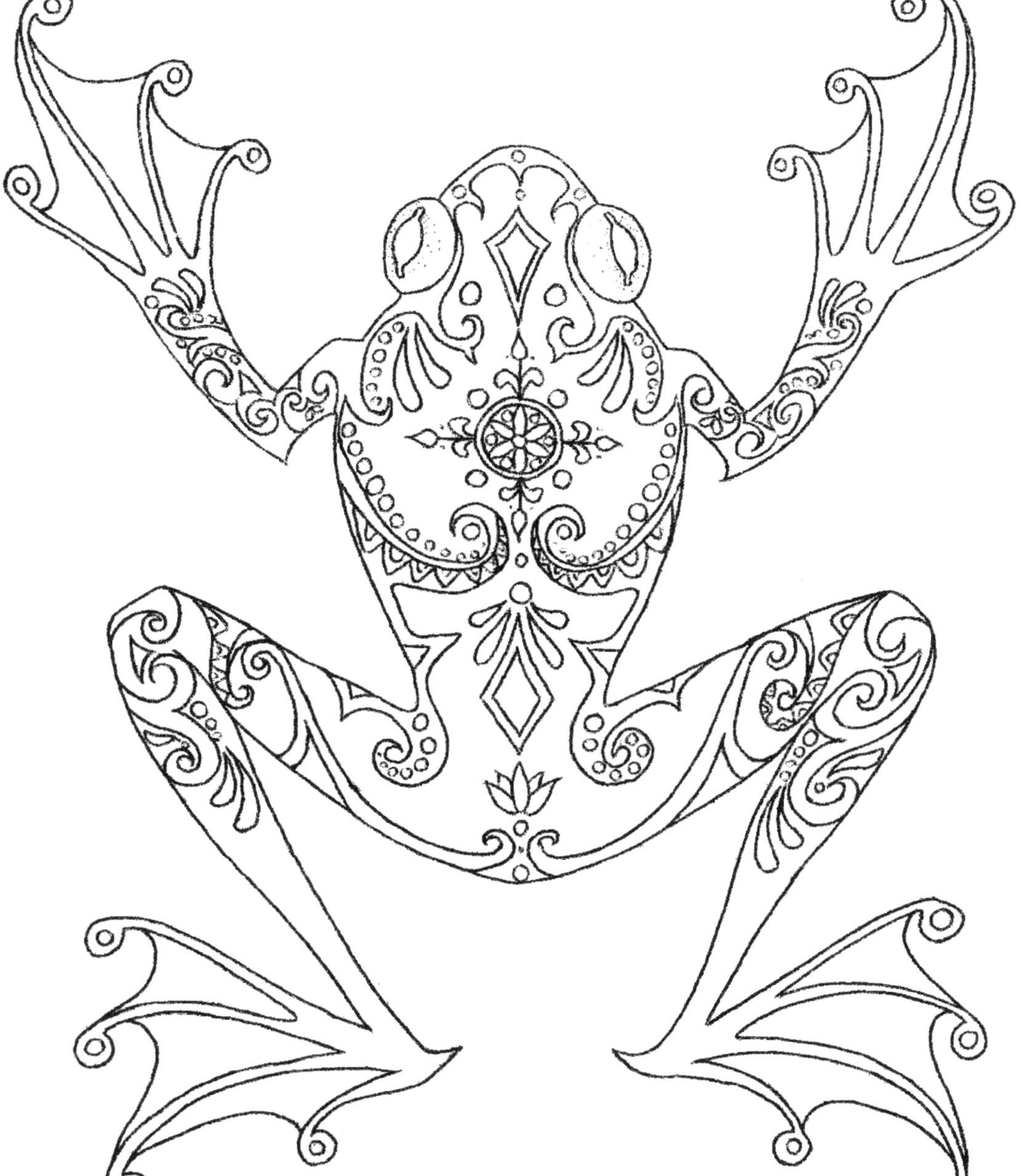

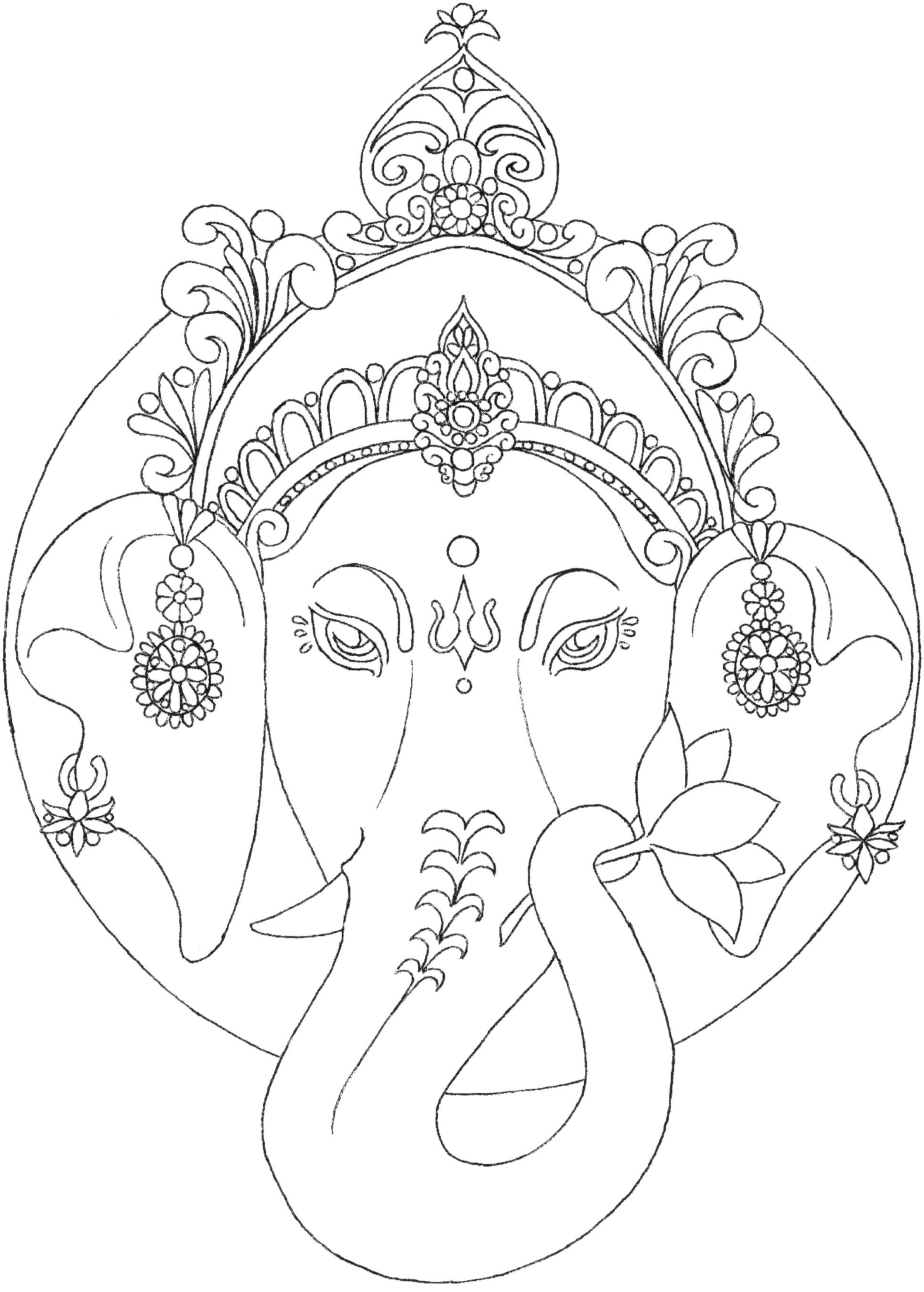

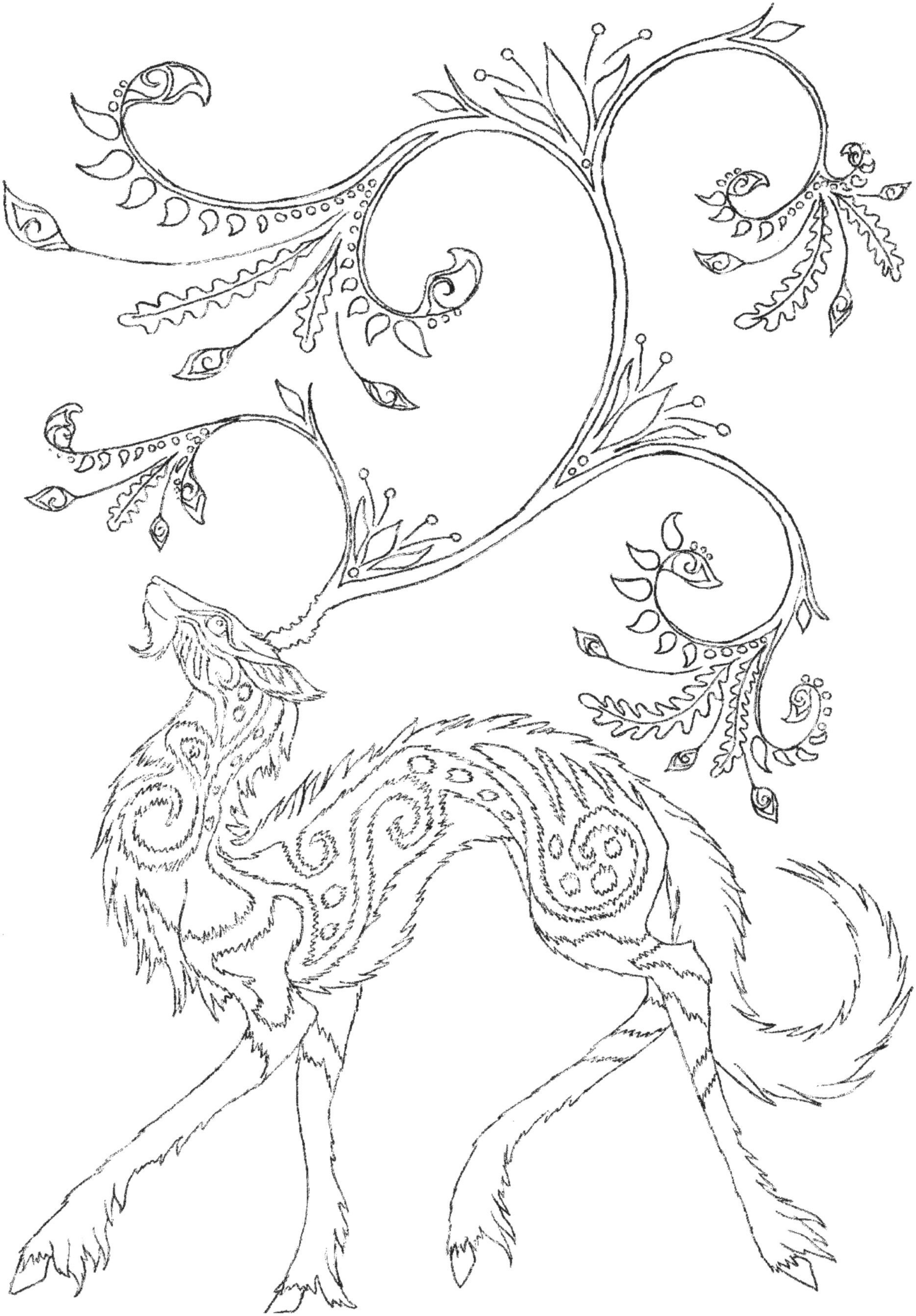

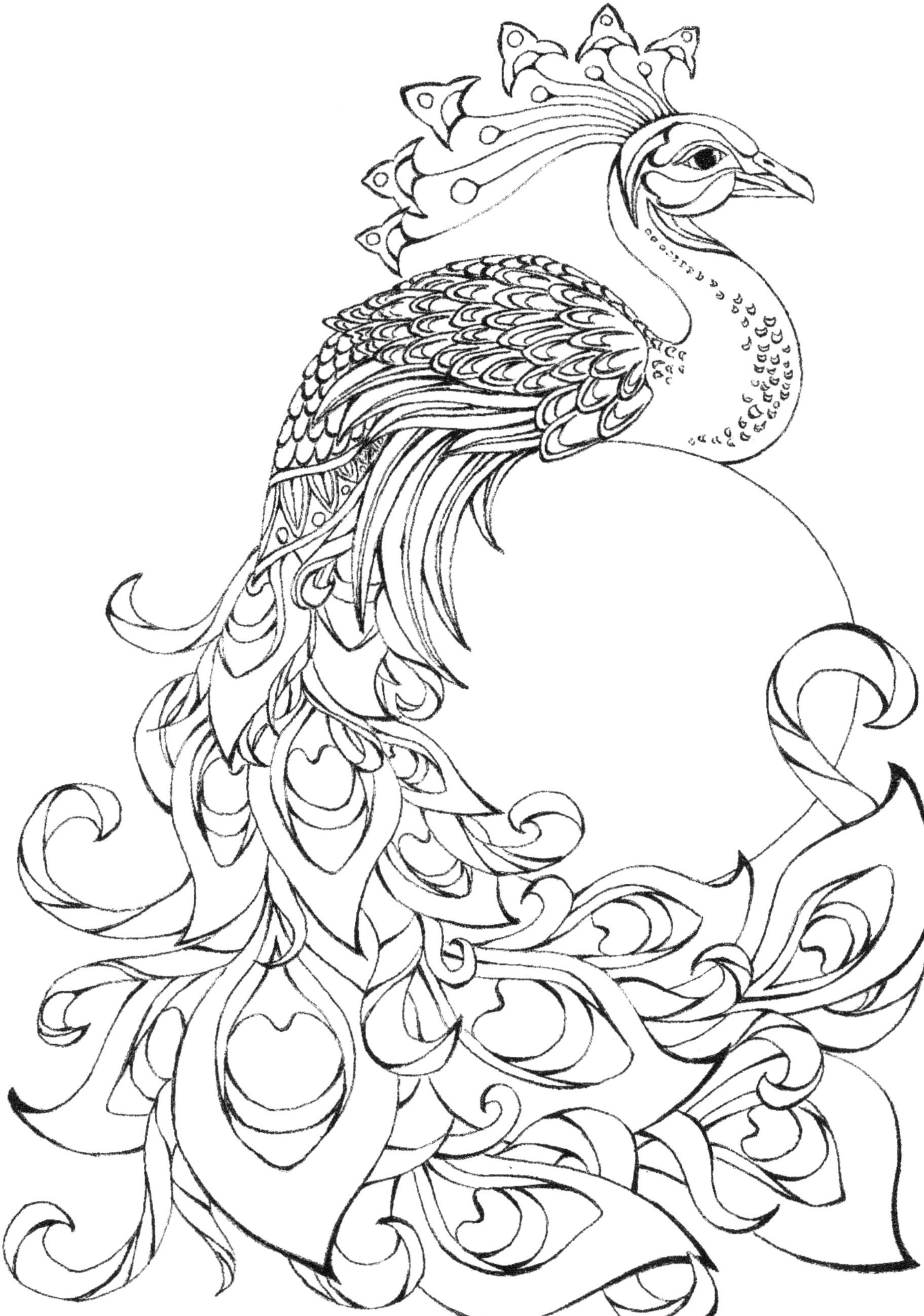

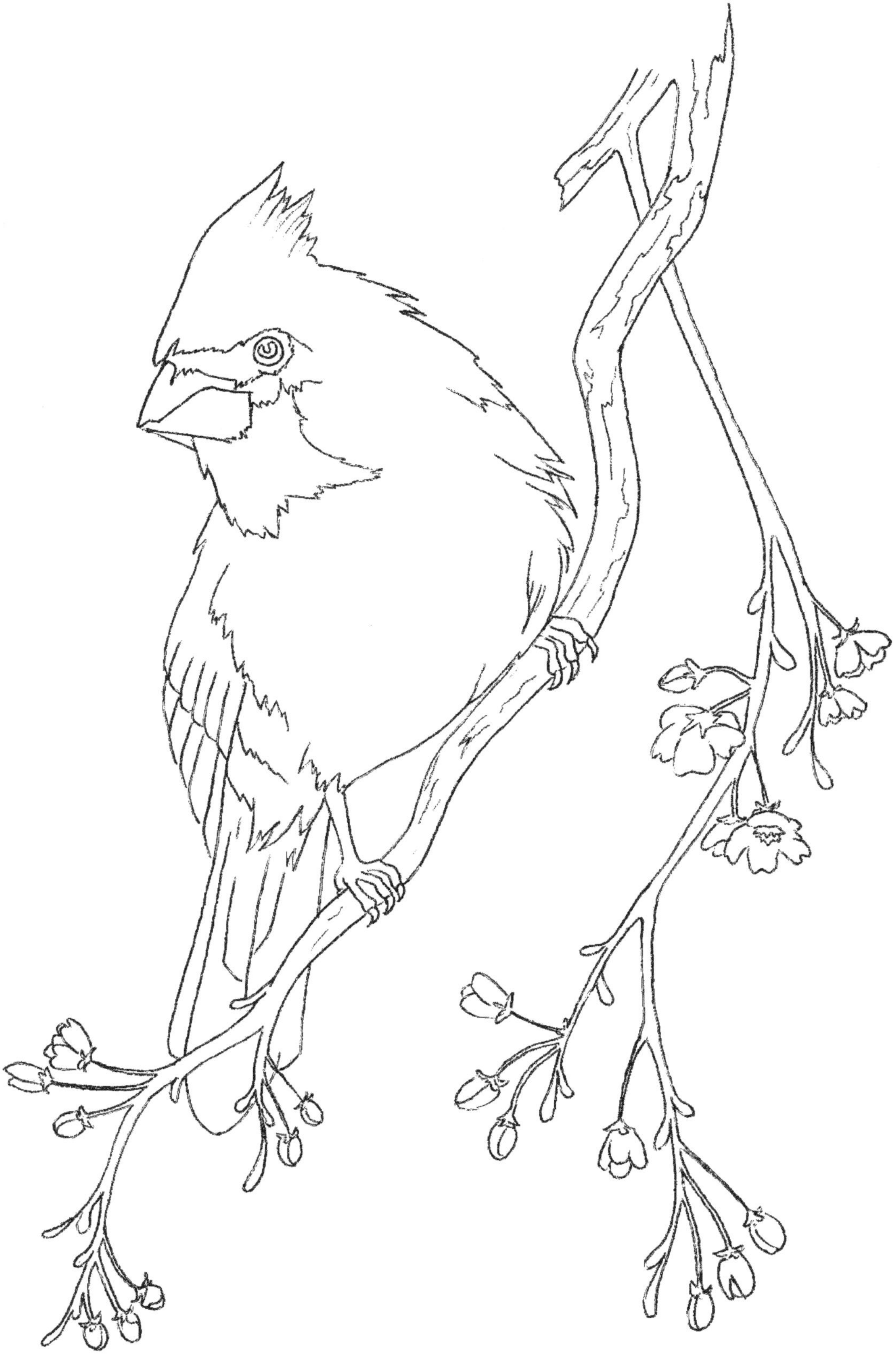

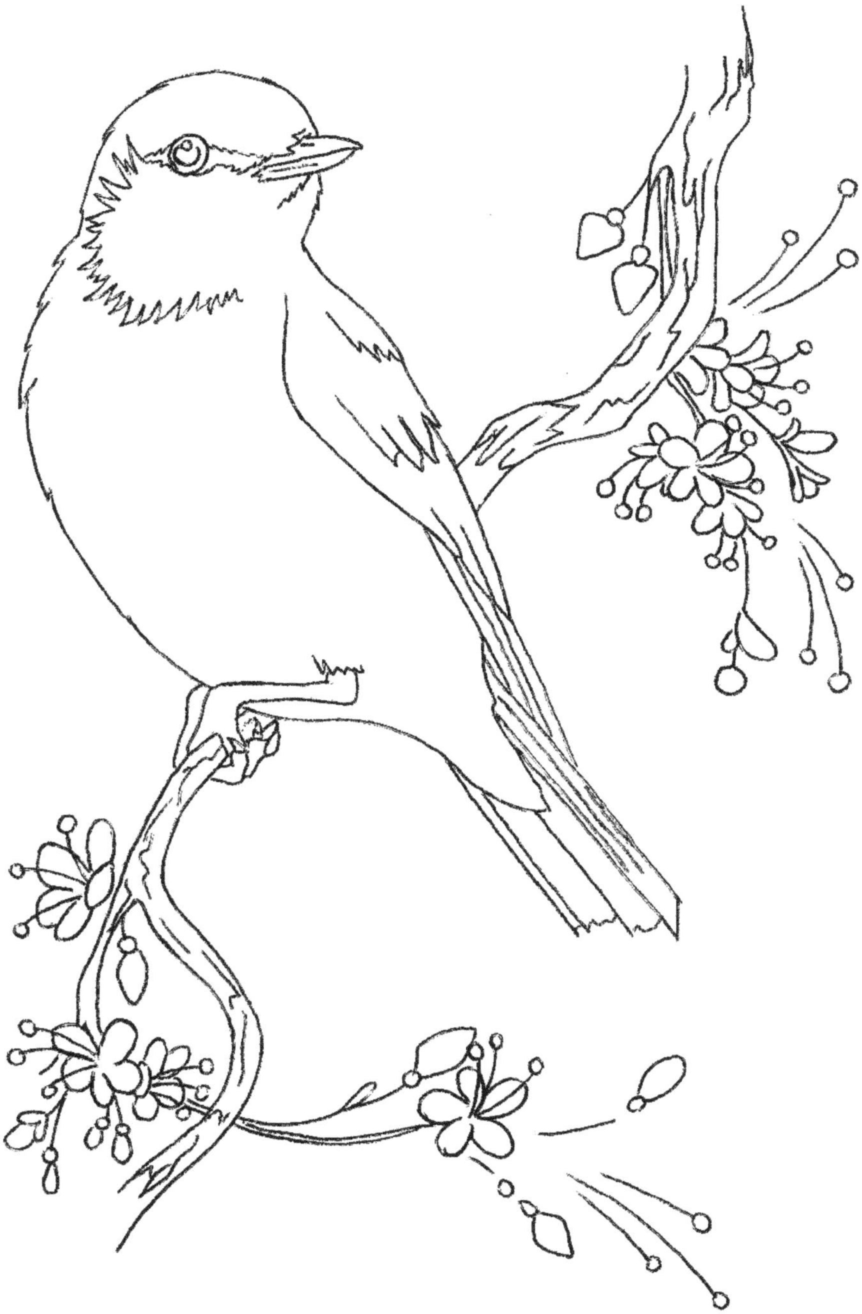

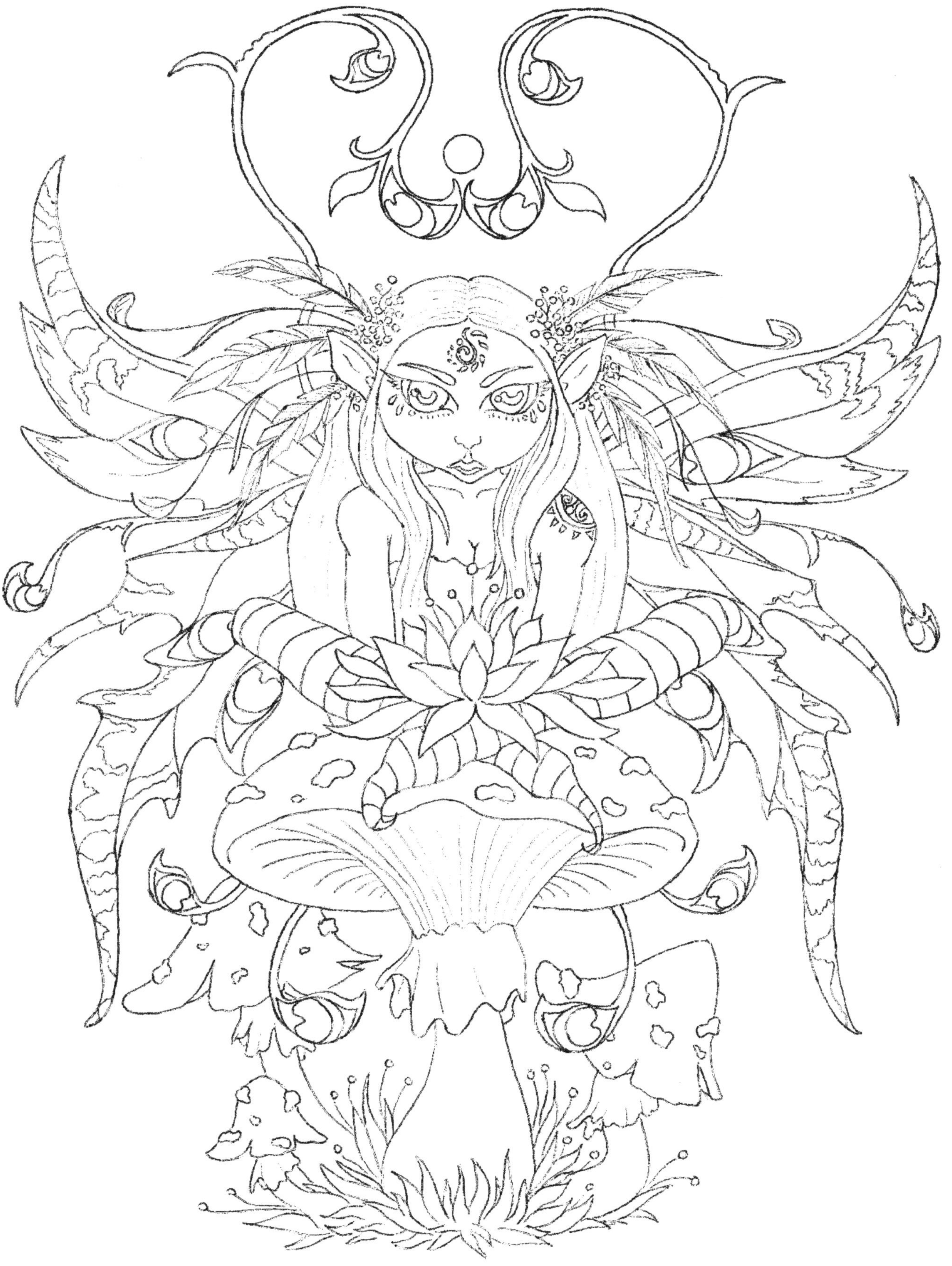

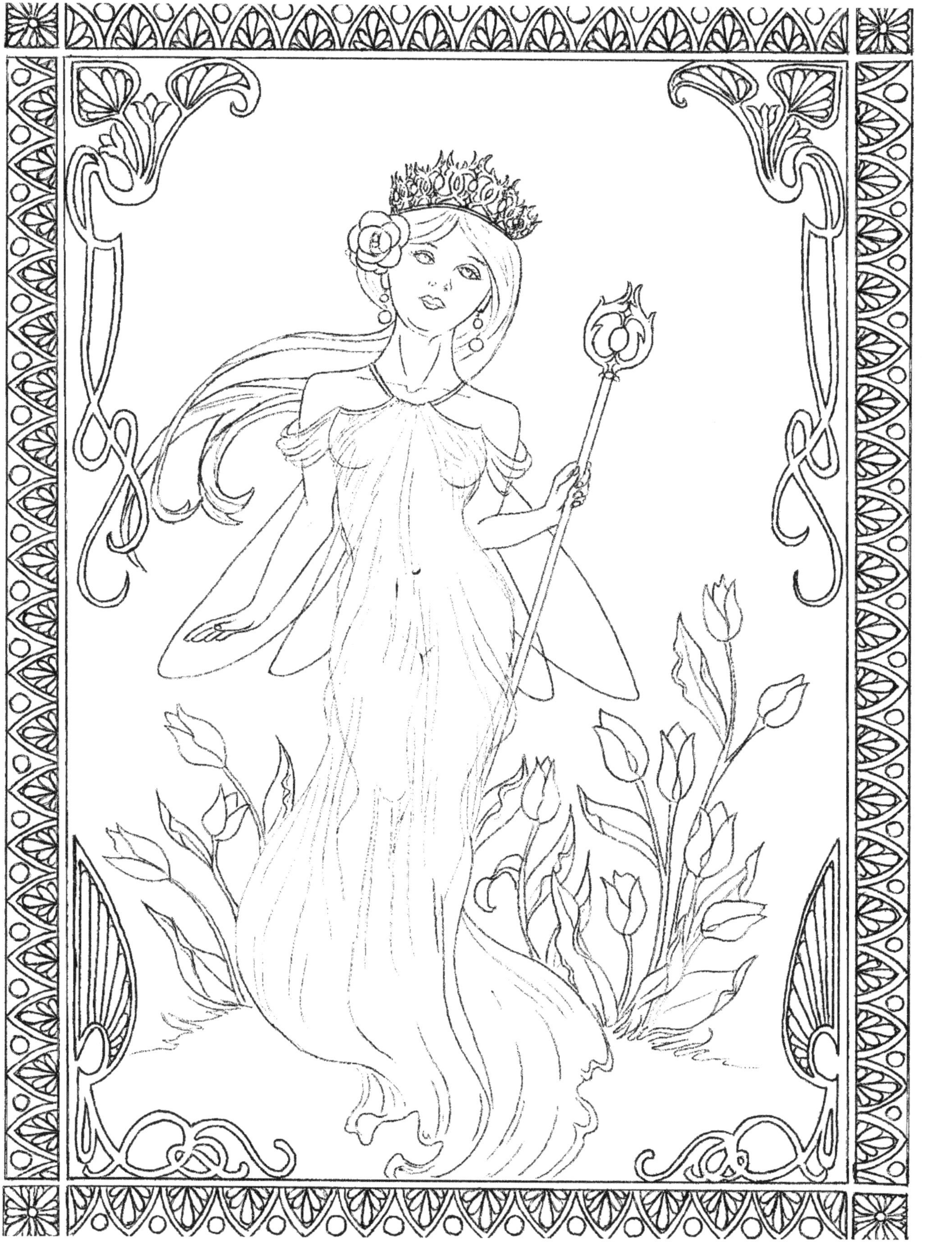

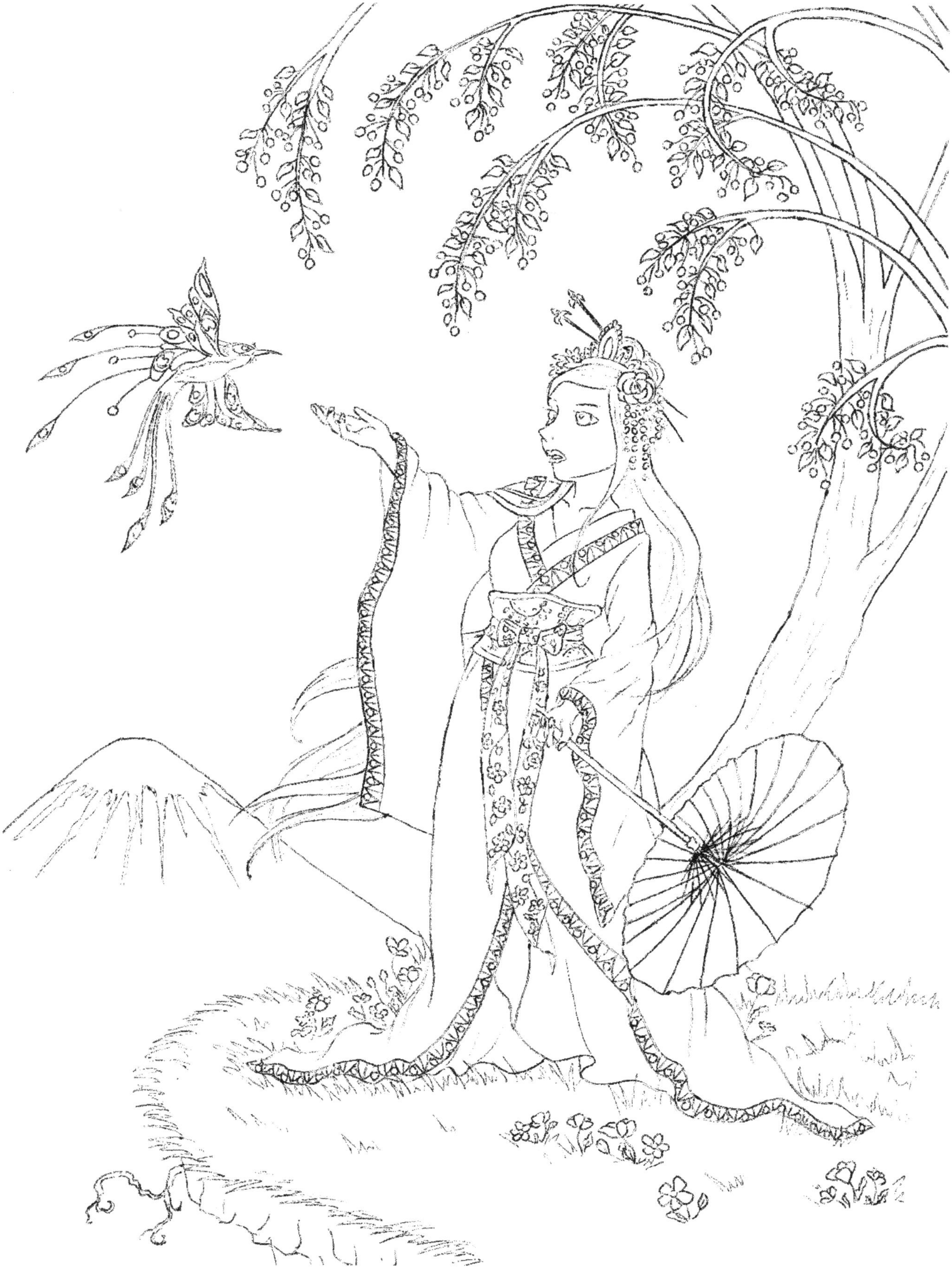

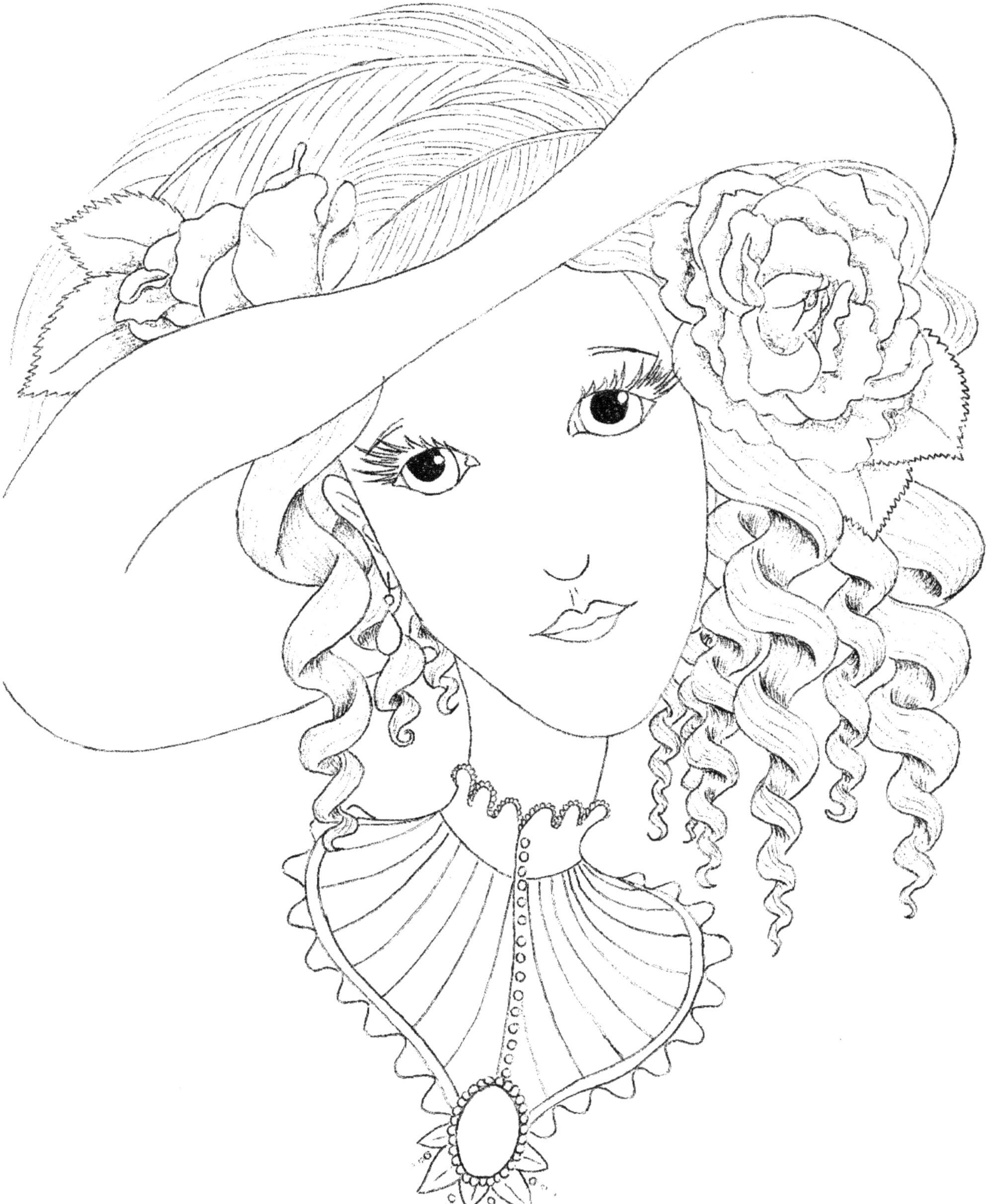

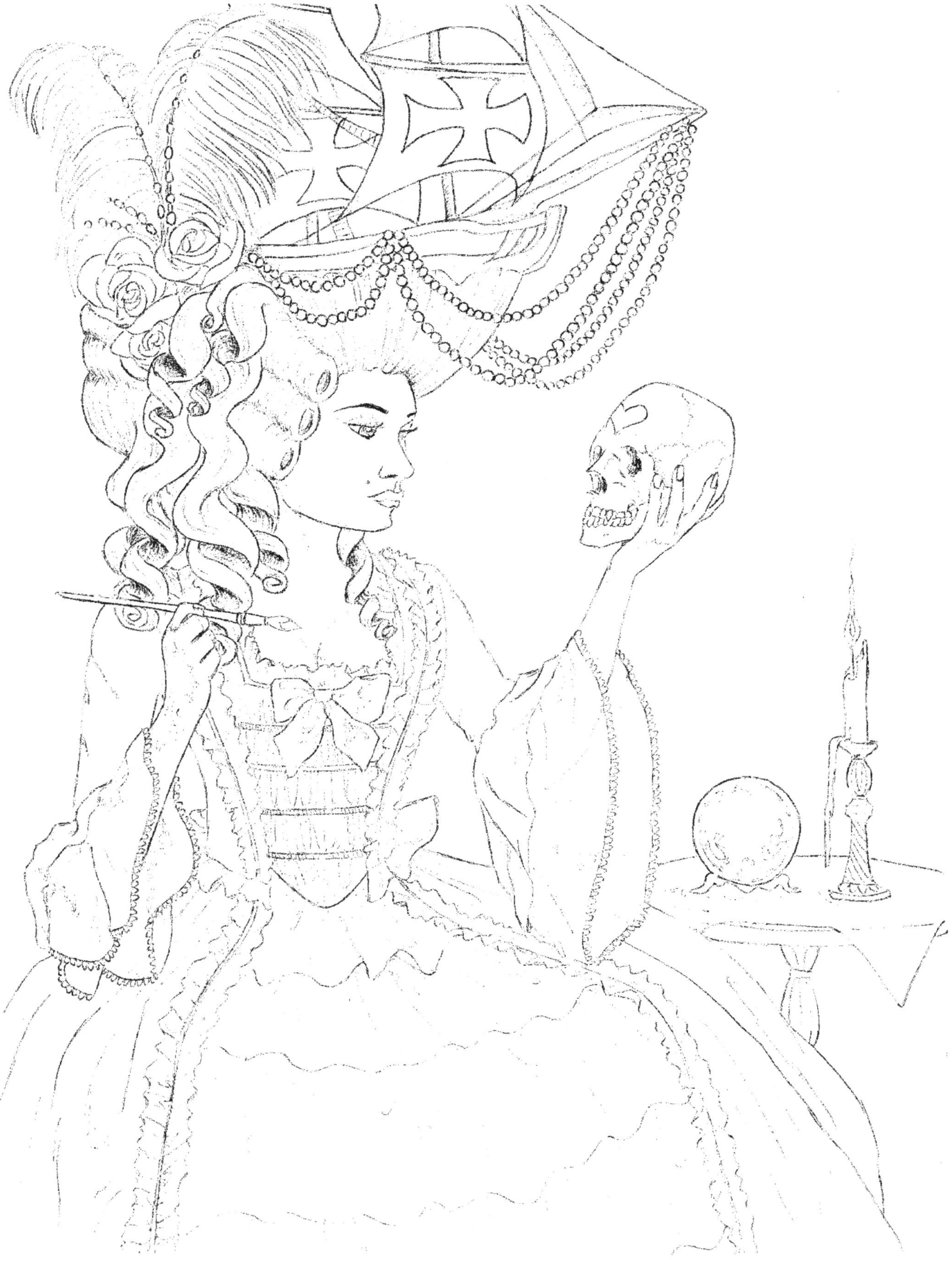

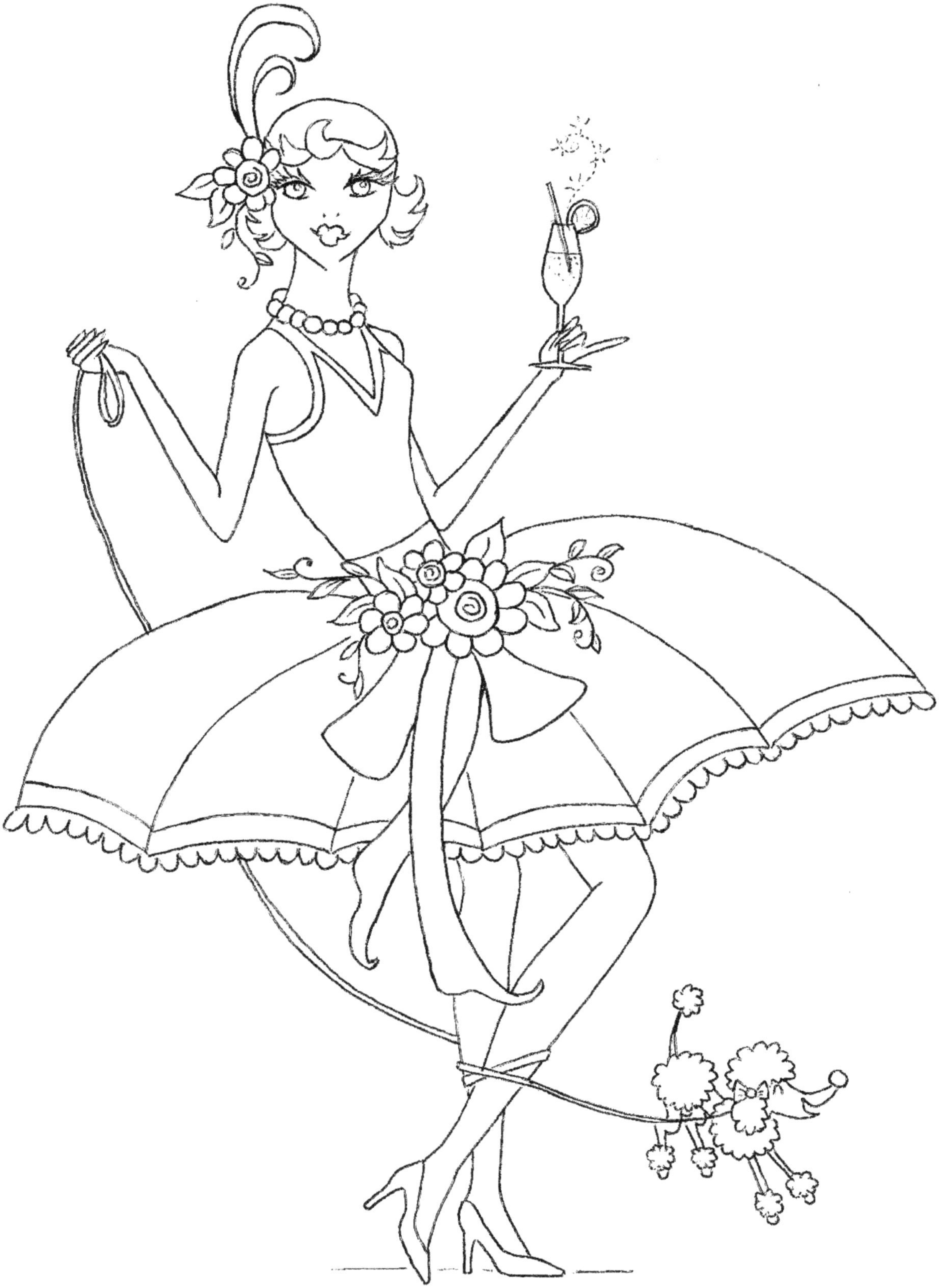

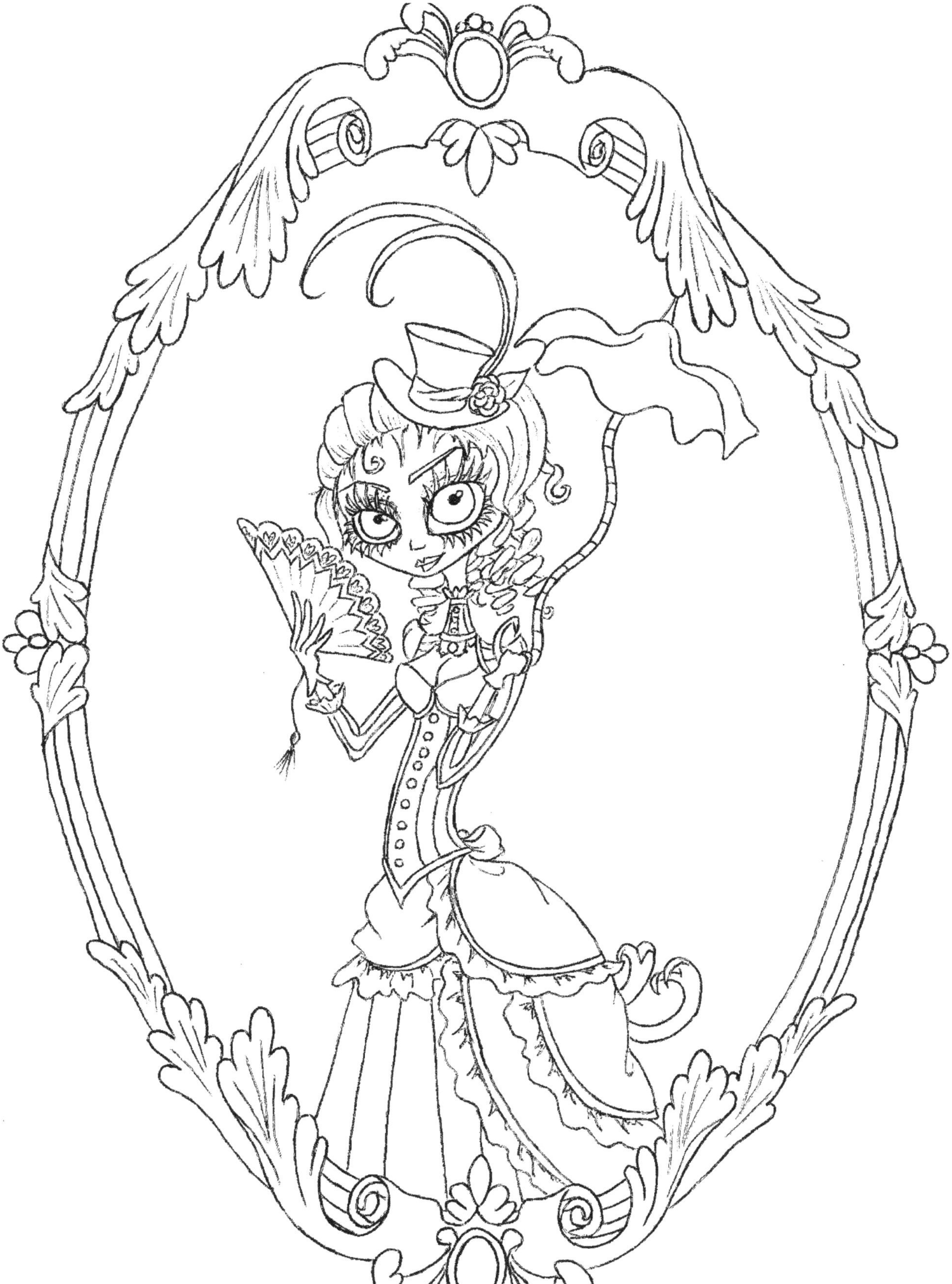

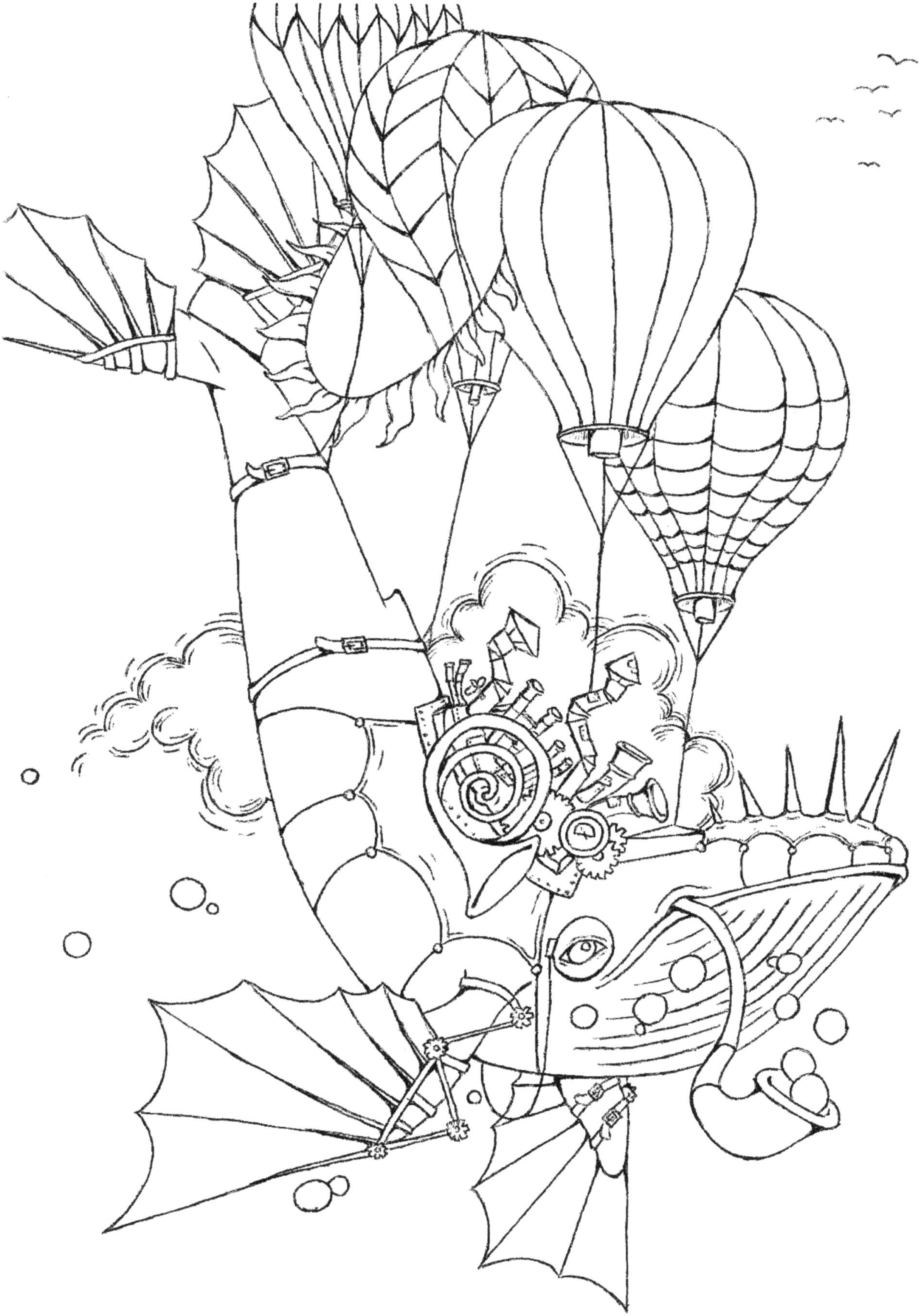

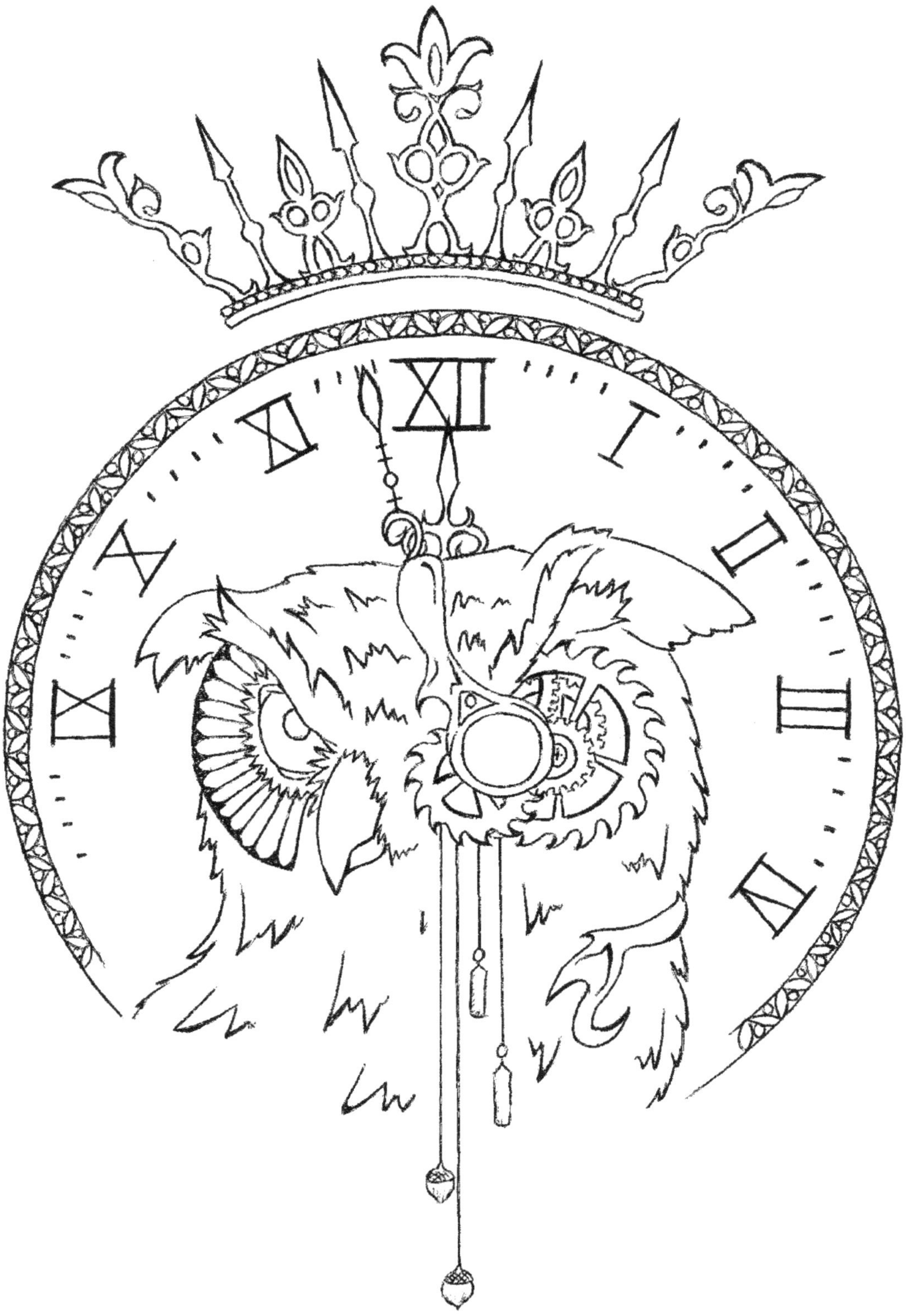

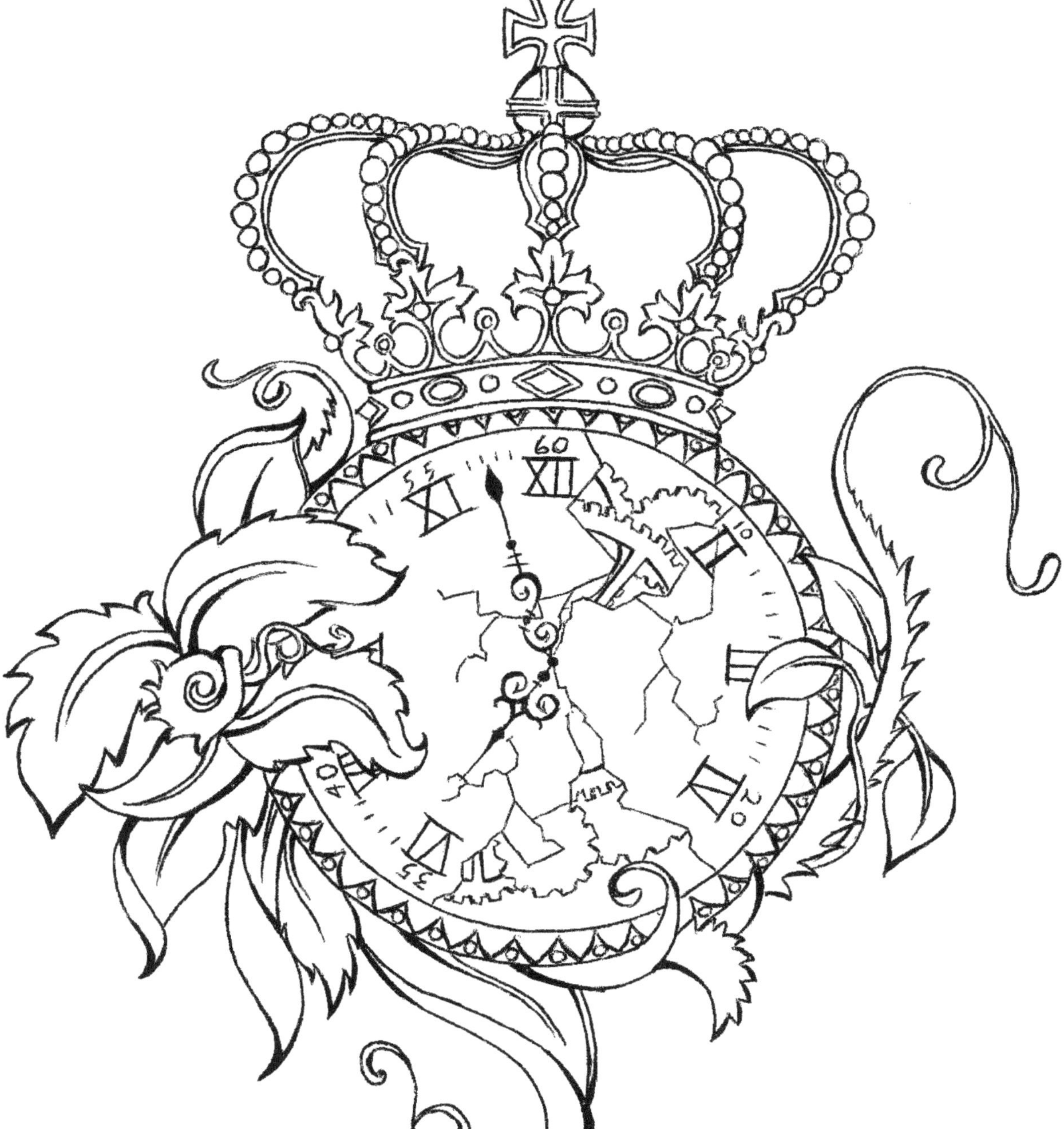
60
XII
55
XI
10
20
40
35

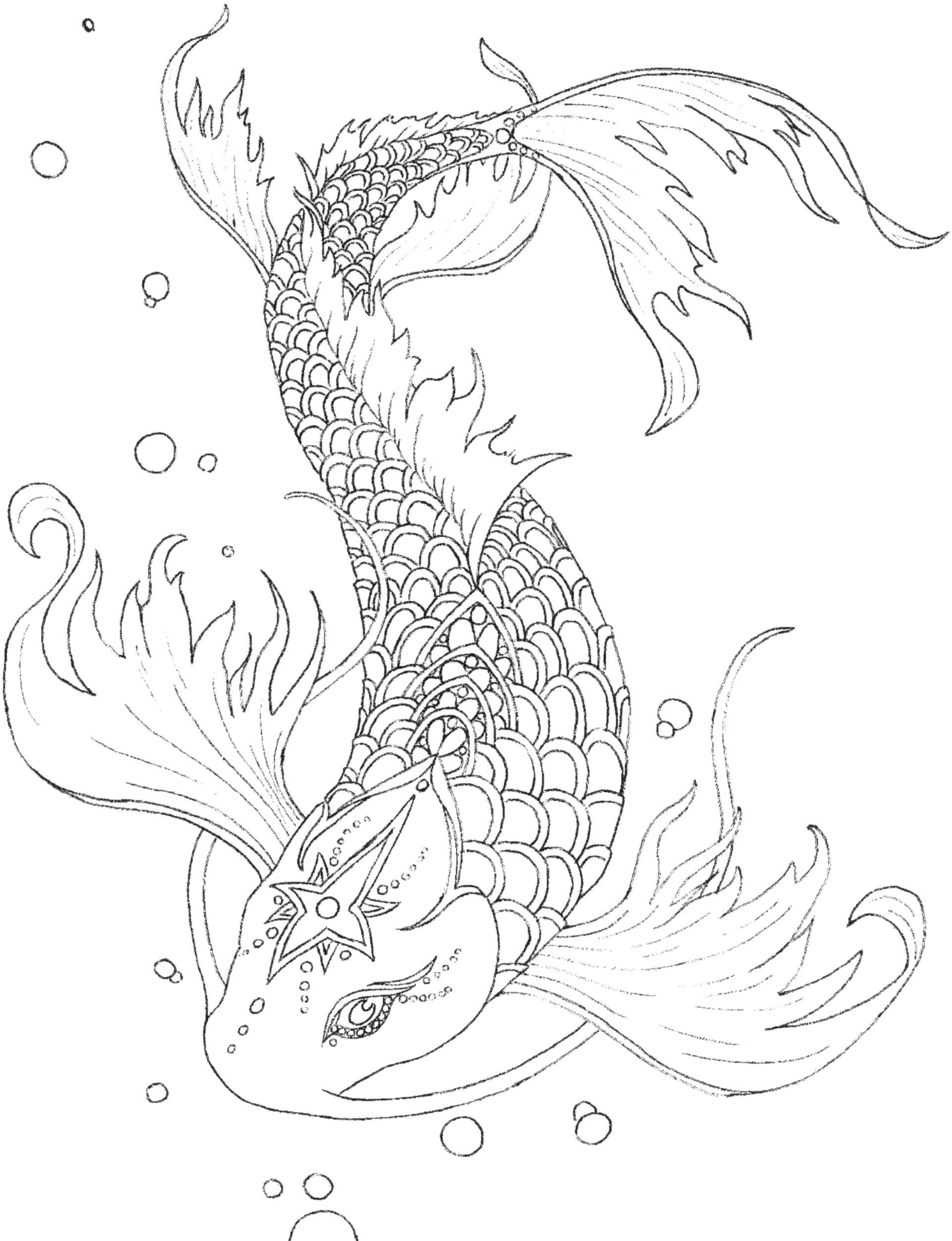

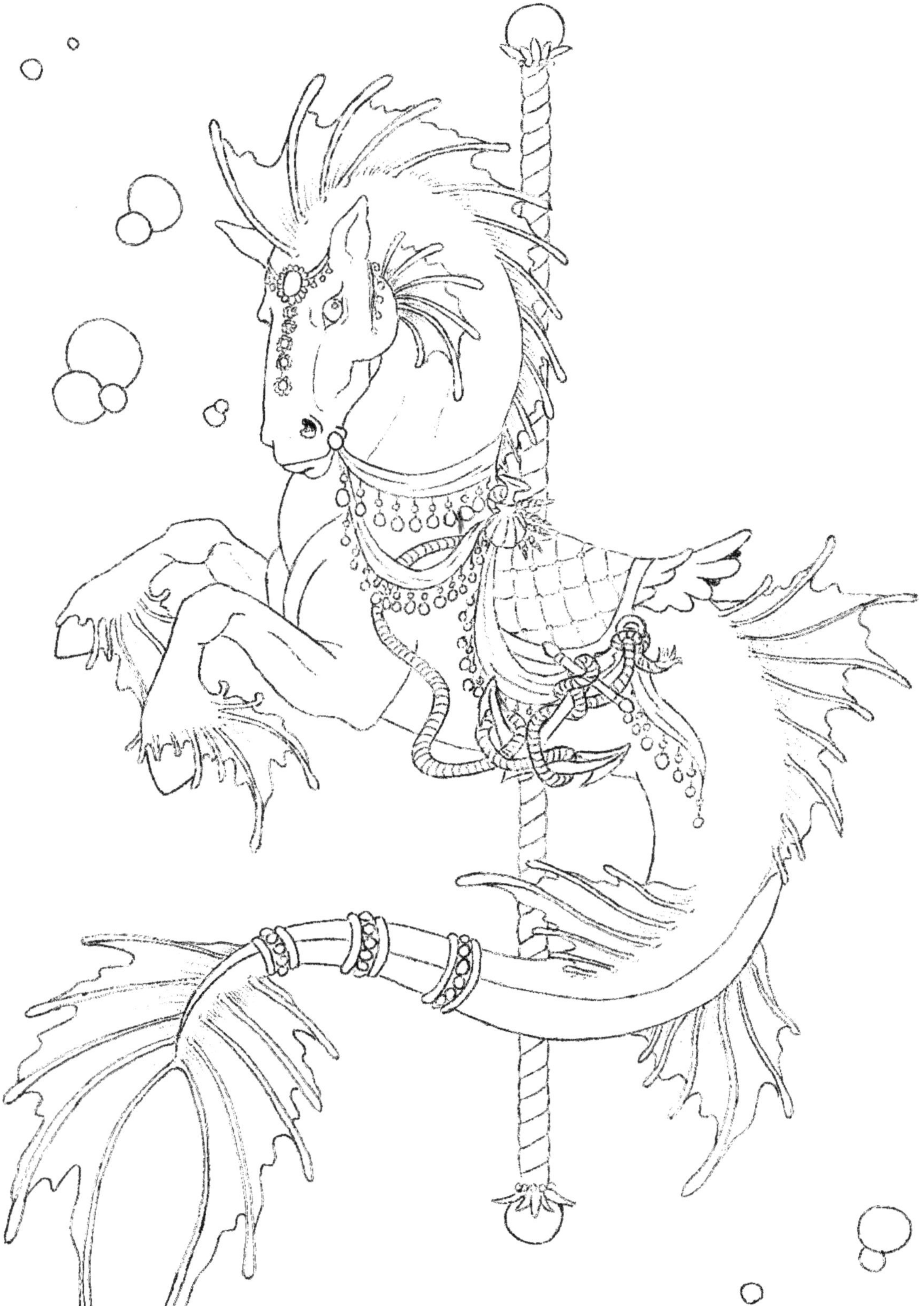

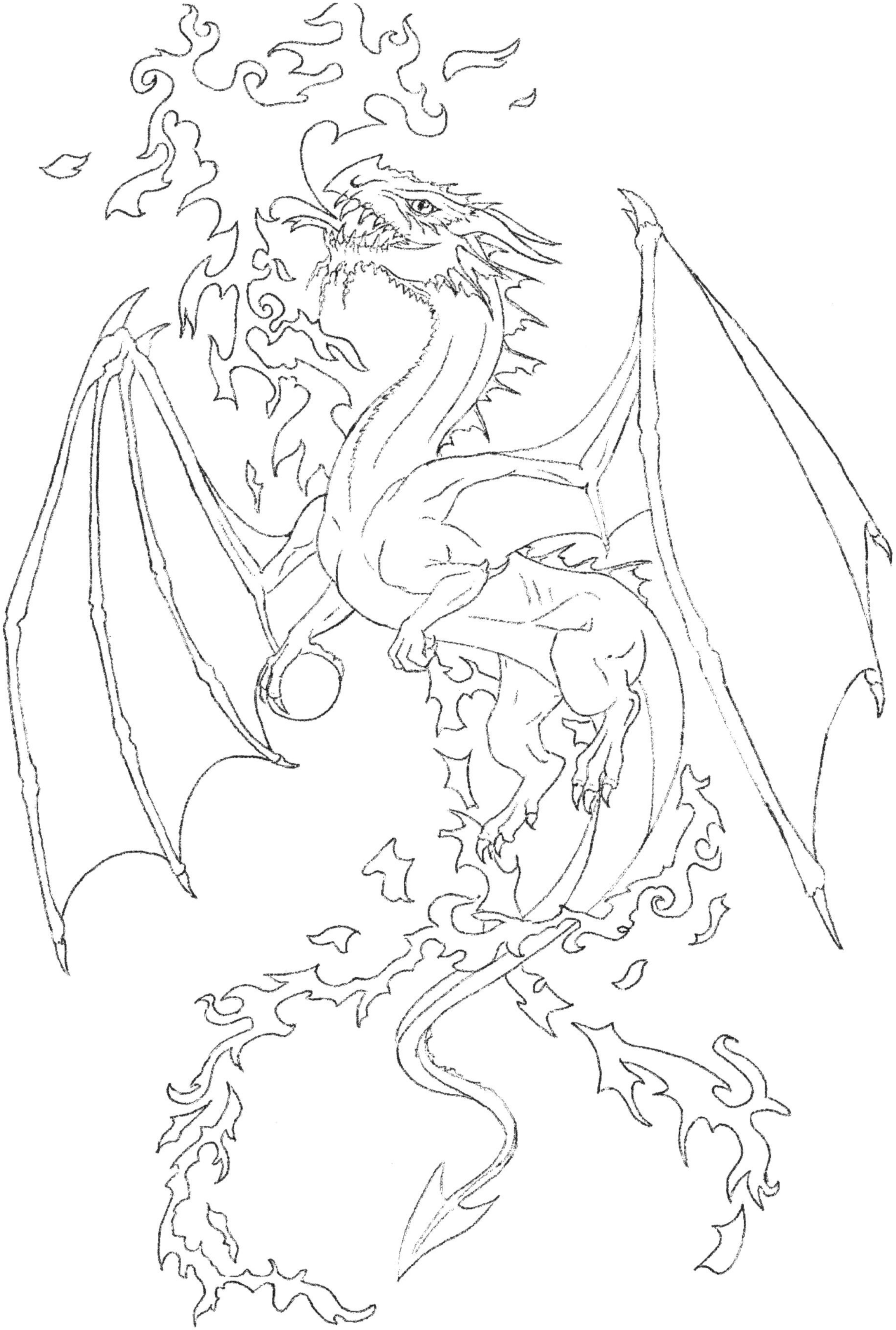

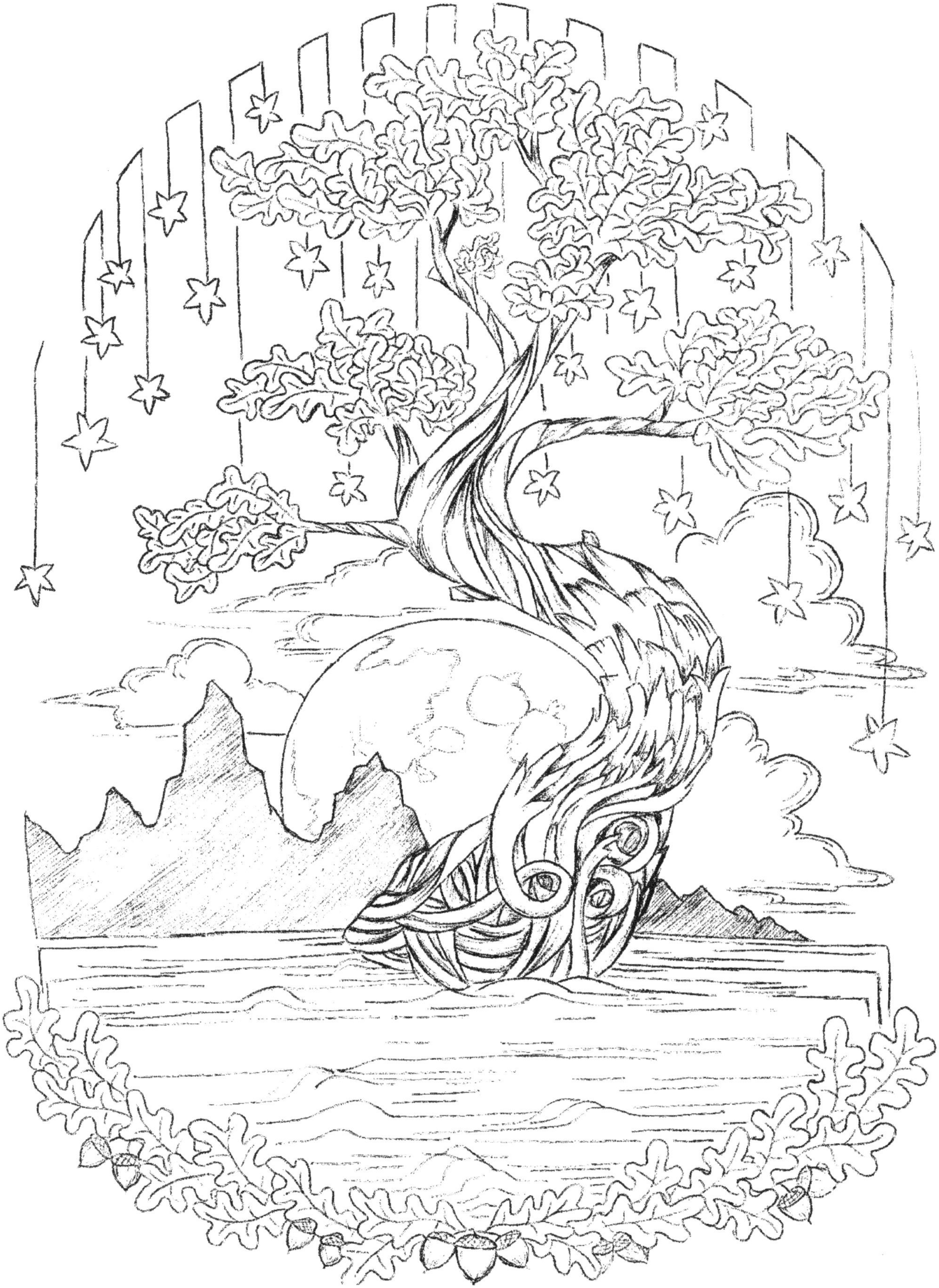

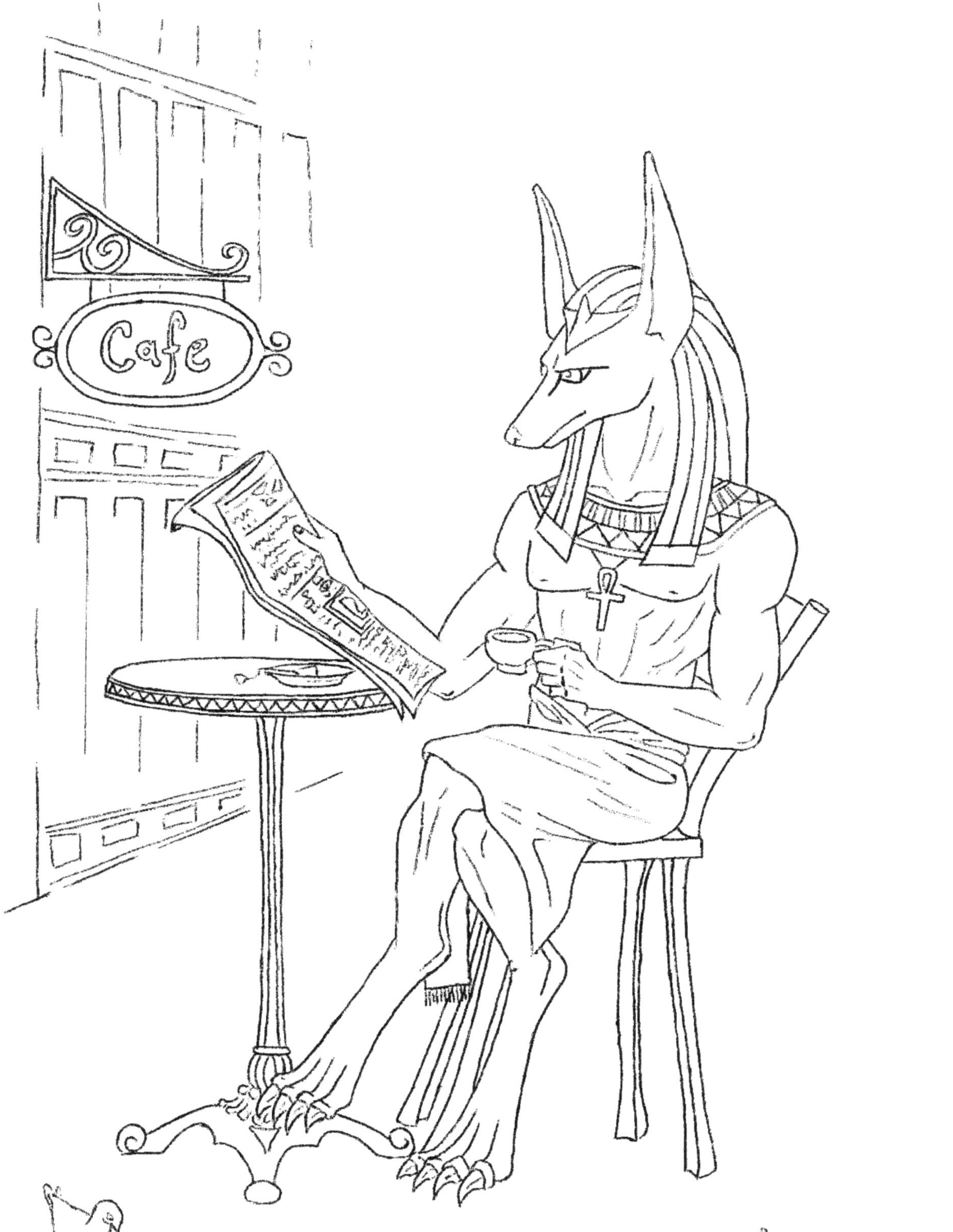
Cafe

www.ingramcontent.com/pod-product-compliance
Lightning Source LLC
Chambersburg PA
CBHW080641190526
45169CB00009B/3457